AF338561

L n. 13350.

OUVERTURE

DES

CONFÉRENCES DES AVOCATS

A LA COUR IMPÉRIALE DE METZ.

---

9 DÉCEMBRE 1861.

ÉLOGE

DE

M. MANGIN

PRONONCÉ

PAR M. ADRIEN GAND,

AVOCAT, DOCTEUR EN DROIT.

METZ,

TYPOGRAPHIE ET LITHOGRAPHIE DE NOUVIAN.

1861

ÉLOGE

DE

M. MANGIN.

> « C'est en vain que le magistrat se flatte
> » de connaître la vérité et d'aimer la jus-
> » tice, s'il n'a la fermeté de défendre la
> » vérité qu'il connaît, et de combattre
> » pour la justice qu'il aime. »
>
> (DAGUESSEAU. — 15ᵉ *mercuriale.*)

MESSIEURS ,

Dans cette grande famille du Barreau français, où les gloires sont si nombreuses et les souvenirs si vivaces, il est d'usage que chaque année, à pareille époque, l'un de nous, c'est-à-dire l'un des plus jeunes, soit chargé de retracer la vie, les mœurs, la carrière entière de l'un de nos prédécesseurs. Parmi les prédécesseurs, on choisit les plus illustres ou les plus vertueux, pour que l'exemple tombe de plus haut et pénètre mieux dans les âmes. Et, d'autre part, si c'est à l'inexpérience des plus jeunes avocats que l'on confie la mission de parler des plus anciens, c'est pour que, de bonne heure, nous méditions sur les exemples que nous ont laissés nos maitres; c'est aussi pour que l'année judiciaire débute par un souvenir de gloire qui l'éclaire et la protége. Nous sommes jeunes sans doute et bien novices pour nous prononcer sur le mérite de nos anciens et pour juger leur vie; mais, si je l'ose dire, c'est là dans notre tradition, comme une noble témérité. On aime à voir ces grandes existences abandonnées tout entières aux chances d'audace dans le jugement que fait courir notre jeunesse; il y a dans nos âmes je ne sais quoi de farouche et d'indompté qui ne se plie pas aux conventions d'un éloge banal; nous aimons à juger, fût-ce à tort; nous sommes sévères, rudes, ennemis des transactions: que voulez-vous? Nous espérons faire mieux que nos pères, et nous n'avons pas vécu!

Si le poids de l'éloge fut jamais lourd, me taxerez-vous d'exagération pour dire que ce fut aujourd'hui? Vous avez choisi Mangin. Avocat au début comme à la fin de sa carrière, tour à tour procureur général, conseiller à la Cour de cassation, préfet de police; que de titres, Messieurs, pour fonder une renommée et servir de texte à un éloge! Réflexion bien juste pour Mangin surtout qui, dans chacune de ces grandes phases de sa vie, sut marquer son originalité et laisser des traces vivantes. Enfant de Metz, il revint finir ses jours dans sa ville natale, témoin de ses premiers succès, fière de ceux qui les suivirent; il nous appartient et par sa naissance et par le premier éclat de sa renommée. Mais ne l'oublions pas, Messieurs, il a de plus hauts titres encore : homme public, magistrat de la Cour suprême, jurisconsulte, il appartient à la France entière. Le nombre de ses œuvres renfermées dans une si courte vie, leur importance, leur intérêt politique, les grands événements auxquels il fut mêlé, les jugements contradictoires dont sa vie publique devait être la proie naturelle, voilà bien de quoi, Messieurs, alourdir ma tâche et effrayer ma faiblesse. La bienveillance à laquelle vous m'avez accoutumé me rassure. Je n'ai porté qu'un regard timide sur tous ces objets imposants offerts à mon étude ; quelquefois même, j'ai dû détourner les yeux. Il est des points sur lesquels mon âge et mon inexpérience devaient me laisser plus incompétent qu'ailleurs, et j'ai mieux aimé, Messieurs, qu'on se plaignit de mon silence que de mes paroles.

Mangin naquit à Metz, le 7 mars 1786. A dix ans, il perdit sa mère. Son père, sans instruction comme sans fortune, ne pouvait prêter à ses études cet intérêt qui soutient et encourage. Mangin dût ne chercher qu'en lui-même la force d'apprendre, le but à poursuivre, les moyens à employer. Je ne sais si je me trompe, mais il me semble que dans ce premier dénûment et, ce qui est pis encore, dans cet isolement intellectuel où se trouvait Mangin au sein de sa famille, il lui fallut une singulière sagacité pour trouver sa voie, avec une immense énergie pour y marcher résolument. L'une ne lui manqua pas plus que l'autre. Son heureuse précocité lui fit franchir rapidement les obstacles : à quatorze ans, il remportait les prix d'éloquence et d'analyse à l'Ecole centrale gratuite de la Moselle. Quatorze ans, dis-je, le commencement de l'adolescence! Les cours qu'il suivait n'étaient pas exempts de l'imperfection inhérente à des créations nouvelles ; mais la constance de son travail, son dédain pour les distractions vulgaires, sa passion pour les lettres, tout en lui contribuait à corriger la faiblesse de l'âge ou l'inexpérience de ses maîtres. On pourrait le dire de Mangin, comme on l'a dit du comte Molé, dans une circonstance solennelle : « Il n'eut pas la tentation d'être jeune, parce qu'il n'eut pas le temps d'être enfant. [1] »

Ses goûts étaient déjà décidés; il voulut être avocat, je me trompe: défenseur officieux, car tel est le titre que nos anciens portaient alors avant la réorganisation de notre ordre. — Un jeune militaire était accusé de meurtre; il avouait son crime et la peine capitale était suspendue sur sa tête. Mangin plaide, convainc les juges, et sauve son client. Le soir, la musique du régiment donnait des fanfares à Mangin sous ses fenêtres, et le colonel voulait faire imprimer à ses frais le plaidoyer du jeune défenseur. Voilà sa première cause. Mangin avait dix-sept ans!

[1] *Discours de réception à l'Académie française,* par M. le comte de Falloux, prononcé le 26 mars 1857.

Un tel début, c'était une promesse. Mangin n'y voit qu'un motif pour s'animer au travail. Les succès dans notre profession s'achètent, il le sait, par un labeur quotidien: la science qui se renouvelle sans cesse, la variété des causes, les difficultés de l'art oratoire, c'en est assez pour ne pas conseiller le repos. Au seuil de la carrière, nous nous plaignons parfois de cette multiplicité des travaux, et de l'étendue des études à faire. Que nous sommes heureux pourtant aujourd'hui, Messieurs, par comparaison avec les hommes du commencement de notre siècle! Les transactions civiles et commerciales sont réglementées par des textes précis; les lois sont codifiées; un seul et même système présidant aux rapports civils de tous les Français entre eux, exerce depuis bientôt soixante ans un empire reconnu, uniforme, passé en jurisprudence. A l'époque où Mangin commençait à plaider, le droit féodal et le droit coutumier, ensevelis légalement dans les décrets des Assemblées révolutionnaires, n'avaient pas tellement disparu qu'ils ne dussent intervenir souvent et pour longtemps encore dans le monde judiciaire. Combien de droits, consacrés par ces législations abrogées, ne pouvaient être constatés, reconnus, protégés, qu'en remontant aux sources d'où ils découlaient! Ce n'est pas tout. Les populations, habituées à certains usages ou à certaines formes juridiques, ne pouvaient pas les abdiquer tout d'un coup dans leurs relations privées, et perpétuaient ainsi pour le jurisconsulte la nécessité d'étudier le droit antérieur dans toutes ses complications. Enfin c'étaient les lois nouvelles que la puissante volonté et le génie du premier consul venaient seulement de promulguer, de sorte qu'à l'embarras des dispositions anciennes toujours subsistantes en fait, se joignait l'embarras naturel devant des dispositions nouvelles, non encore expliquées par les commentateurs et la jurisprudence.

Mangin n'a pas failli à cette nécessité des temps. Dans cette œuvre austère, il trouva un compagnon. Sur les bancs de l'École centrale s'était assis avec lui un jeune homme pauvre comme lui et d'une maturité non moins précoce. A vingt ans au-delà, ce jeune homme devenait garde des Sceaux du roi Louis XVIII, et appelait à ses côtés pour partager ses travaux et lui en alléger le poids, le même qui, jeune avocat, avait sondé avec lui les nouveaux systèmes de législation. Vous avez nommé M. de Serre. C'est à ce noble et sérieux esprit que Mangin s'associa. Ils étudiaient ensemble la procédure et le droit. Ne reconnaissez-vous pas, Messieurs, dans cet empressement de Mangin à se rendre compte des motifs, du sens et de la portée des lois qu'il est chaque jour obligé d'appliquer, le premier présage de sa vocation future de jurisconsulte? Ainsi préparait-il les éléments des travaux qui l'ont rendu célèbre, appliquant à l'intelligence des lois pénales, cette expérience déjà considérable des Cours d'assises, qui se consommera plus tard dans l'étude des arrêts de la Cour de cassation.

Le 25 août 1805 , Mangin prêta le serment et prit le titre d'avocat. Il le garda pendant toute la durée de l'Empire ; après deux ans d'interruption, il le reprit encore quelque temps ; la dernière année de sa vie fut consacrée à notre profession , il mourut avocat. Ajoutons que ses meilleures pensées, ses plus constantes affections furent toujours pour le Barreau qui avait eu ses premiers efforts. Jusques dans les positions les plus élevées, il s'en souvenait avec amour , et cet homme, que la fortune devait ballotter plus tard si cruellement, le jour où le roi Charles X le nommait conseiller d'Etat en service extraordinaire, se prenait à dire avec un esprit presque prophétique à ceux qui le félicitaient : « Mes amis, ce que j'ai de plus sûr, c'est mon diplôme d'avocat. » Il ne se trompait pas ; ça été sa dernière ressource, la plus fidèle.

Voilà bien, Messieurs, quels devraient être l'objet et la limite de ce discours : étudier Mangin comme avocat. Mais quoi ! l'ai-je connu, pour vous dire ce qu'il a été ? l'ai-je entendu ? Plusieurs de ses émules lui survivent ; mais pour lui, il est tombé avant l'âge, sans même laisser quelques plaidoyers à la posterité. J'ai dû consulter nos anciens , et parmi eux de préférence le contemporain , l'ami dévoué, et souvent l'heureux contradicteur de Mangin , notre doyen vénéré. Il me permettra d'emprunter son témoignage, et vous m'en remercierez, Messieurs. « Mangin, nous » écrivait-il, avait la parole facile ; son exposé était » toujours clair, sa discussion solide, méthodique,

» nourrie d'autorités choisies avec un grand discer-
» nement. Il avait de la chaleur, du mouvement, et
» savait s'arrêter à point. — Quand il a le champ,
» disait un jour le premier président Voysin de Gar-
» tempe, Mangin développe merveilleusement une
» idée, et sait donner à sa pensée beaucoup d'élé-
» vation, — et plus loin : Ce qui se faisait remarquer
» dans Mangin, c'était l'amour de la vérité et le sen-
» timent de la justice. Mal accueilli par les anciens
» avocats qui se trouvaient en possession des affaires
» au moment où il est entré au Barreau, il s'est
» montré plein de bienveillance envers ses contem-
» porains et ses plus jeunes confrères. Nous l'aimions
» tous, parce qu'il était loyal et facile dans ses rela-
» tions de confraternité. » Que vous dire de plus,
Messieurs, sinon ce que vous savez tous vous-mêmes,
que ces éloges, les successeurs de Mangin au Barreau
de Metz, les méritent comme lui, et que nous, leurs
jeunes confrères, nous en pouvons faire chaque jour
l'expérience ?

J'ai cependant à signaler en passant deux habitudes de Mangin : je dis en passant, car la carrière
est longue et le sujet m'emporte.

Mangin écrivait ses plaidoyers et les récitait de
mémoire. Cet usage, a-t-on dit, favorise la décla-
mation et les développements étrangers à la matière ;
il ôte à la parole cet imprévu de l'expression trouvée
sur l'heure, cet à-propos de réponses que connaît
l'avocat qui improvise ; mais la cause ne trouve-t-elle

pas son compte dans la netteté des idées mûries par de sérieuses méditations! et l'avocat, affranchi peu à peu des nécessités premières, ne rencontre-t-il pas un langage plus pur et plus mesuré!

Si Mangin avait tant de respect pour la forme, c'est qu'il avait fait et qu'il continuait de fortes études littéraires. Les classiques, feuilletés par lui chaque jour, lui donnaient le goût du mot précis, de l'ordre dans le discours, de la vivacité dans la discussion. Il y a plus : dans cette nécessité de trouver une expression particulière et originale de sa pensée, l'homme énergique et chercheur rencontre autre chose que des succès d'orateur ou d'écrivain : il sonde ses forces, apprend à les connaître, il découvre dans les replis de son âme la direction mystérieuse venue d'en haut, l'instinct secret qui guide vers un but, le caractère enfin. Et que souhaiter de plus? N'est-ce pas à l'homme qui s'est rendu compte de lui-même, qui a solidement établi dans son âme les principes, qu'appartiendront le jugement le plus sûr, la loyauté éclairée, la constance dans la conduite et les affections!

Ainsi, Mangin se préparait sans y penser à la vie politique, dont l'heure avait sonné pour lui: l'art de l'avocat n'avait pas été seulement une étude de procédure d'affaires contentieuses; ç'avait été l'application de l'esprit à la recherche et au triomphe de la justice. Ses fonctions allaient changer de nom; au fond, ses goûts et ses études restaient les mêmes.

Et maintenant, adieu pour Mangin aux triomphes presque paisibles du Barreau de la ville natale ! Adieu à ces douces relations de confraternité ! C'est la société qui devient sa cliente, sa cliente sévère, froide, inflexible ! Suivons-le dans ce nouveau chemin.

C'était en 1816. Mangin, peu favorable à l'Empire au temps de ses triomphes, n'avait pas accepté le retour de ce régime ; il avait protesté contre l'acte additionnel. Le gouvernement de la Restauration lui tint compte de sa conduite et conquit pendant quinze années sa fidélité et son énergie. Mangin fut nommé procureur du roi à Metz. La rectitude de son esprit et de sa conscience s'offensa tout d'abord des abus qu'il voyait régner ; il aspira à les réprimer, et y réussit. Mais il ne se faisait point de la sévérité une arme journalière. Chargé de remplir les fonctions du ministère public près la Cour prévôtale de la Moselle, il se fit remarquer au contraire par sa modération. Dans notre guerrière et patriotique province, les populations gardaient un souvenir douloureux des récents malheurs de la France ; de nombreux vétérans de l'armée de la Loire, confondant dans leur ressentiment l'invasion étrangère et le rétablissement du gouvernement qui l'avait suivie, y avaient apporté des germes de trouble et d'agitation dont le développement pouvait devenir dangereux pour l'ordre établi ; le procureur du roi sut faire la part de ces difficiles circonstances, et il rendit la modération à des Tribunaux qui, dans tant d'autres parties de la France, usèrent d'une rigueur extrême.

Mangin ne conserva que peu de temps la direction du Parquet. Des nécessités de fortune l'obligèrent à reprendre sa profession d'avocat. Il fut nommé bâtonnier, dignité passagère encore, car M. de Serre, alors garde des Sceaux, l'appela auprès de lui à la direction des affaires civiles. Partout où il passait, Mangin devait laisser des traces. C'est à lui que l'on doit les premiers comptes-rendus statistiques de la justice civile; c'est à lui encore que nous devons le changement de l'article 351 du code d'instruction criminelle dans un sens plus équitable et plus favorable aux accusés. Cependant, il ne trouvait pas dans ses fonctions cette activité oratoire qui était devenue pour lui un besoin. M. de Serre comprit que les facultés de Mangin devaient se déployer sur un théâtre public, qu'il servirait mieux ailleurs le gouvernement du roi et la France ; il le nomma procureur général à Poitiers.

C'était en 1821. La situation du pays était tendue ; les mécontentements vrais ou faux ne se cachaient plus; les conspirations éclataient de toutes parts. Par quelle aberration d'esprit les hommes intelligents et distingués dont les noms protégeaient toutes ces intrigues, n'avaient-ils pas compris qu'un complot prépare des représailles terribles et jamais un succès? La liberté leur fournissait des armes légales: la presse, les Chambres pouvaient donner cours à leurs plaintes, à leur besoin de publicité et d'éclat ; pourquoi se jeter dans l'iniquité d'une révolte à main armée ?

Voilà, Messieurs, dans quelles difficultés se trouvait placé Mangin. Voulez-vous savoir quels étaient ses sentiments d'alors ? Je ferai un nouvel appel au témoignage dont j'invoquais tout à l'heure l'autorité : « Mangin était sincèrement attaché à la Charte, » mais il voyait avec douleur que les libéraux fai- » saient de la Charte une arme de guerre contre la » royauté. La royauté légitime était inséparable, » suivant lui, des libertés publiques... Il désirait » que le roi trouvât dans son autorité et dans la » force dont il disposait, les moyens de sauver la » Charte. Que le roi règne, disait-il, et la Charte ne » périra pas ! »

Mais, si fermes que fussent ses convictions, ne croyez pas qu'il voulut s'armer pour la persécution. Dans un ouvrage dont je parlerai tout à l'heure, il a écrit ces lignes qui sont comme le programme de sa conduite [1] : « Anciennement les procureurs-généraux prêtaient » le serment « de faire justice aux grands comme aux » petits.... de garder et de conserver les droits du » roi, sans néanmoins aucun préjudice des droits » d'autrui [2]. » — Un vieil auteur [3] appelle le procureur

---

[1] *Traité de l'Action publique*, nº 106.

[2] *Ordonnance de Philippe.le-Bel*, du 23 mars 1302.

[3] Budée en ses *Forenses*.

» général « le dépositaire de tous les intérêts du
» prince et du public, l'asile des lois, le rempart de
» la justice et de l'innocence attaquée.... » Cette
» belle mission est encore la sienne aujourd'hui;
» qu'un sentiment profond de la justice le soutienne
» dans son accomplissement ! que, plus puissant que
» son intérêt personnel, il lui inspire ces résolutions
» fermes, ces généreuses résistances qui caractérisent
» le magistrat vertueux ! Elles n'appelleront pas tou-
» jours sur lui la bienveillance du pouvoir et la
» reconnaissance des hommes, mais elles lui donne-
» ront du moins la paix de l'âme ; elles forceront à
» l'honorer, ceux-mêmes qui méconnaîtront ou calom-
» nieront ses services ! »

Voyons comment il a appliqué ces principes dans
cette affaire Berton, dont il est temps enfin de vous
entretenir.

Un ancien général de l'empire, le maréchal de camp
Berton, avait arboré la cocarde tricolore sur la place
publique de la petite ville de Thouars; il avait destitué
les autorités, nommé un nouveau maire, un nouveau
juge de paix, fait donner lecture de deux proclama-
tions au peuple et à l'armée qui annonçaient le
renversement du gouvernement des Bourbons et la
formation d'un gouvernement provisoire composé de
six membres de la Chambre des députés. Il donnait à
entendre qu'un mouvement semblable se produisait
simultanément dans toute la France. A la tête de deux
cents hommes armés, il marche sur Saumur. Mais peu

à peu sa troupe se débande, il arrive presque seul devant la ville, la garnison lui barre le passage, il s'enfuit.

La Cour de Poitiers, sur les réquisitions de son procureur général, évoque l'instruction de l'affaire, et une longue information commence. Il résulta de cette information que le complot, préparé de longue main, n'était point l'œuvre isolée de ceux qui avaient pris part à l'échauffourée de Thouars. L'instruction donnait chaque jour la preuve plus complète que d'autres conspirations se préparaient à Nantes, à la Rochelle, à Paris et à Saumur encore. Il devint évident que ces mouvements, se produisant dans toute la France, étaient conduits par une direction unique et puissante.

Dans son acte d'accusation, Mangin, en reproduisant les dépositions des témoins, signalait nécessairement la complicité de plusieurs députés. Cet acte fut publié au *Moniteur*. Une discussion orageuse s'éleva à la Chambre. Quelques-uns des membres accusés protestèrent avec indignation contre les allégations du procureur général; d'autres gardèrent le silence. M. de St-Aulaire alla même jusqu'à proposer de mettre Mangin en accusation; mais il fut défendu par le ministère et les principaux orateurs du côté droit, et la Chambre repoussa la proposition à une grande majorité.

Les débats de l'affaire s'ouvrirent enfin le 26 août 1822, devant la Cour d'assises de la Vienne. Berton et quarante de ses complices y comparurent. Mangin

supporta seul le poids de l'accusation pendant les dix–
sept jours d'audience.

On a beaucoup parlé de la rigueur du ministère
.public dans cette affaire. En réalité, il s'efforça de
faire porter la sévérité du jury sur les chefs de la cons-
piration et réclama l'indulgence pour les malheureux
qui n'avaient été que des instruments. Il fit mieux :
il engagea les jurés à la modération dans son
premier réquisitoire, en leur disant : « Nous devons
» être justes, c'est-à-dire modérés ; nous devons
» à la France et à l'Europe l'éclatant exemple d'une
» justice à la fois sage et généreuse. » La veille
de l'audience, un des jurés lui ayant dit que pour lui
les débats étaient inutiles, et que tous les accusés
étaient coupables à ses yeux, il récusa ce juré, dès
que son nom sortit de l'urne. Enfin il demanda lui-
même une commutation de peine pour trois des six
condamnés à mort, et deux l'obtinrent sur ses ins-
tances. Voilà, Messieurs, quelles furent ses rigueurs.
Cependant on jetait des pierres dans les fenêtres de son
hôtel, et une réunion de Carbonari se tint à Poitiers,
qui le condamnait à mort, et lui envoyait la signifi-
cation de cet arrêt.

Tel a été, Messieurs, le vrai rôle de Mangin. Il n'a
renoncé, pour plaire au pouvoir, ni à ses habitudes
d'équité, ni à sa conscience. Que dans ces dix-sept
jours de débats, au milieu d'une agitation considérable,
sous l'impression cuisante des attaques réitérées de la
presse au dehors, des récriminations violentes des

accusés au dedans, il lui soit échappé quelques vives paroles: comment ne pas le croire, mais aussi comment ne pas l'excuser? Restons hommes pour juger des hommes, et ne demandons pas le calme et l'insensibilité du roc à des êtres qui, avec le cœur et la raison, ont aussi des passions et des sens!

Mais rentrons dans un domaine plus paisible, et, en dehors de ces agitations passagères, voyons en quelques mots quel fut le rôle de Mangin pendant ses fonctions de procureur général.

Travailleur infatigable, il avait coutume de dire: « la lampe du magistrat doit être allumée avant celle de l'ouvrier ». Il voyait et dirigeait tout par lui-même; aux assises comme aux audiences solennelles de la Cour, il était sur son siége, toujours prêt à prendre la parole. Sous son intelligente et vigoureuse direction, les dix-huit arrondissements de son ressort marchaient d'ensemble dans l'uniformité d'une jurisprudence constante. Redresseur inflexible des abus, il épura le notariat et les offices, et l'on se rappellera longtemps les services que sa vigilance sut ainsi rendre aux justiciables. Les membres du Parquet n'étaient pas de sa part l'objet d'une moindre sollicitude; il était pour eux moins un chef qu'un père, et tous lui rendaient en dévouement ce qu'il leur accordait de bienveillance et d'affection. Dans la magistrature, au Barreau, partout, il n'y avait qu'une voix pour louer son amour du bien public, son zèle et son dévouement au devoir.

Ces fonctions, dignement portées, le conduisirent jusqu'à l'âge de 40 ans. La récompense arriva sans qu'il eut besoin de la solliciter. Il fut nommé en 1826 conseiller à la Cour de cassation. Arrêtons-nous ici quelques instants, Messieurs ; après les orages des dernières années, c'était le port pour Mangin ; avant la dernière tempête qui devait l'enlever à la patrie, ce sont les heures calmes de l'étude : Mangin va préparer les matériaux des solides écrits qui, avant de conserver son nom dans la science, doivent le consoler et l'occuper dans l'exil.

A la Cour de cassation, il fut tel qu'on l'avait vu ailleurs, remplissant tour à tour les fonctions d'avocat général et de rapporteur, également préparé à ce double rôle et par la maturité de ses études juridiques et par son habitude déjà invétérée de l'art oratoire. Il sonda la jurisprudence de la Cour non-seulement dans les monuments publics, mais dans les riches réserves qu'avaient faites MM. Barris et Busshop. C'est là qu'il puisa des éléments d'appréciation et des citations curieuses pour enrichir l'ouvrage que lui conseillèrent de faire ses collègues, et qui devait comprendre toute la législation criminelle. Il ne put en commencer la rédaction que sur la terre étrangère. « Je veux pouvoir me dire, écrivait-il le » 8 avril 1833, que, sur une terre d'exil, je sers ma » patrie de la seule manière honorable qu'il m'est » donné de la servir. L'honneur d'avoir fait un » livre utile, voilà ce que j'ambitionne. » Le plan

de son livre, lui-même l'a exposé : « Je me propose
» de rechercher les principes de nôtre droit criminel,
» j'essaierai de les démontrer, de les établir claire-
» ment, et de faire voir les conséquences qui en
» découlent. Je ferai le tableau de toute la jurispru-
» dence de la Cour de cassation, mais en la ratta-
» chant aux principes eux-mêmes, de manière que
» les arrêts n'en seront que les corollaires ; je retra-
» cerai les règles de notre ancien droit criminel dans
« ce qu'elles ont de relatif au droit actuel. Je ferai
» connaître la discussion à laquelle nos codes ont
» donné lieu dans le Conseil d'Etat. Je rapporterai
» et j'examinerai les opinions des auteurs... [1] »

M'est-il permis à moi, Messieurs, sorti à peine
des bancs de l'école, de prononcer un jugement sur
un aussi considérable ouvrage? Mes éloges n'auraient
pas plus de poids que mes critiques. Un grand magistrat, M. Laplagne-Barris, consulté par un ami de
Mangin sur la valeur d'une partie de ce travail, qui
lui était envoyé manuscrit, répondait dans les termes
suivants: « Voilà un corps de doctrine formé par une
» tête forte, par un homme plein de conscience et
» de sagacité. Je ne sais si les forces de M. Mangin
» suffiront pour traiter tout le droit criminel comme
» son premier livre. Mais, celui-ci, résultat d'un
» travail immense, est admirable de clarté, de science
» et de profondeur. Je ne crois pas qu'il soit possible

____

[1] Préface du *Traité de l'Action publique.*

» de mieux faire ; et quand tout sera achevé de la
» même manière, je suis convaincu qu'il n'est pas
» un bon esprit occupé de ces matières qui ne donne
» à notre ancien collègue le nom de *Domat du droit
» criminel*. Il n'y a pas dans ce travail de digressions
» sur les améliorations de la législation, point d'envie
» d'être salué comme un grand publiciste, point
» d'esprit de système, point d'utopies. Mais il y a
» une connaissance complète de ce qui est, une
» appréciation faite avec simplicité mais avec profon-
» deur de toutes les difficultés de la matière, et une
» recherche de la vérité si sincère, si naïve, si bien
» dépouillée de tout amour-propre d'auteur, qu'il est
» impossible que le critique le plus malveillant ne
« rende pas hommage au caractère de son auteur. »

Respect de la loi, culte de la loi, quel éloge,
Messieurs, et qui honore à la fois et le magistrat qui
le prononce et celui qui le mérite ! Oui, Mangin com-
prenait qu'avant de critiquer la législation existante,
il fallait la montrer dans son sens précis et exact, dans
toute sa portée, dans ses applications diverses. La
science criminelle doit-elle se renfermer dans ces
limites, si larges qu'elles soient ? A Dieu ne plaise ! Il
faudrait, pour oser le soutenir, oublier et l'objet même
de cette science, plus susceptible que toute autre
d'améliorations, et les noms des hommes glorieux qui
l'ont formée ou régénérée. Non , Filangieri et Beccaria
ont rendu trop de services pour que nous veuillions
condamner leurs traces et ne pas leur laisser de suc-

cesseurs! Mais quand les premières assises du droit criminel sont posées, quand la loi existe, lorsque surtout, comme dans notre bienheureuse France, nul ne peut être poursuivi qu'en vertu d'un texte de loi, antérieurement promulgué, ne comprenez-vous pas tout de suite, Messieurs, l'importance de ce système qui consiste à reconnaître et à déterminer la juste valeur de cette loi? Ne craindriez-vous pas, si le champ du commentaire était livré à une trop libre et trop capricieuse interprétation, que des crimes nouveaux surgissent, suivant les besoins ou les passions du moment, politiques ou autres! Oh! sans doute, l'indépendance et la noblesse bien connues de la magistrature française nous garantissent des verdicts que ratifiera toujours la justice; mais qui ne sait que, dans les temps de révolutions, les usages sont renversés en un jour, les lois foulées aux pieds! On l'a vu jadis, Messieurs; eh bien, si jamais, ce dont Dieu nous préserve, nous étions destinés à revoir encore ces temps funestes, puissent du moins les lois ne pas devenir les complices des vengeances politiques! puisse leur sanctuaire n'être jamais violé par d'audacieux envahissements!

Que faisait donc Mangin? Non-seulement il étudiait la loi, mais il confondait dans le même respect et dans le même scrupuleux examen les arrêts de cassation ou de rejet de la Cour suprême! C'est toujours là qu'il revenait, et l'on admire, en lisant son *Traité de l'Action publique* surtout, quel bel exemple il donnait aux jurisconsultes, ses successeurs, de ne pas mêler dans le même ouvrage des considérations de publiciste et d'interprète. Il voulait être et fut tout entier à l'un de ces deux rôles, et mérita ainsi cet éclatant éloge que je vous lisais tout à l'heure.

De toutes ces louanges, Mangin n'entendit que le premier écho ; l'acclamation publique ne put s'élever que sur sa tombe. Ses ouvrages mêmes, si laborieusement conduits à maturité, ou bien il ne put les finir lui-même, ou bien il ne put les publier. Par bonheur, de nobles amis ont jugé ses œuvres dignes de leurs soins : M. Guerry-Champneuf, ancien substitut de Mangin à Poitiers, a publié en 1837 le *Traité de l'Action publique* ; en 1839 et en 1847, M. Faustin Hélie, qui depuis a conquis un si grand nom dans la science criminelle, a publié les *Traités des Procès-verbaux* et de l'*Instruction écrite*, matières sèches, arides, toutes pratiques, mais dont Mangin s'était emparé avec son ardeur ordinaire, et qu'à ce prix il a su animer et régénérer.

Il espérait vieillir au milieu de ces travaux qui lui étaient devenus chers, mais ce bonheur ne devait pas lui être accordé. Pendant les vacances de 1829, il se reposait des fatigues d'une année bien remplie, lorsqu'il apprit la composition du ministère Polignac. On le mande chez le Ministre de l'intérieur ; M. de la Bourdonnaye lui offre la place de préfet de police ; Mangin refuse de la manière la plus formelle. Averti de ce refus, le roi Charles X le fait appeler et lui dit ces paroles : « Je ne me dissimule pas, Monsieur, la gravité et même le péril des circonstances dans lesquelles nous nous trouvons; elles demandent de l'honnéur et un cœur dévoué pour les surmonter; je sais parfaitement que vous avez l'un et l'autre, je compte sur vous. » Alors seulement il consentit à accepter.

Dès son entrée à la Préfecture, Mangin s'occupa avec ardeur de tous les détails d'une administration si nouvelle pour lui. Quelques abus s'étaient glissés dans le service des bureaux; il mit à jour la comptabilité article par article. Il visita les prisons, destitua les directeurs qui avaient laissé ignorer la mauvaise qualité du pain qu'on donnait aux prisonniers. Il prit des mesures pour porter remède aux désordres de la prostitution. Les asiles de corruption furent détruits ou réduits à se cacher dans l'ombre. Il fit commencer un travail statistique sur les vols et les suicides dans le but de les prévenir. Il préparait lui-même un code de police qui devait contenir toutes les ordonnances refondues et coordonnées. Mais en même temps qu'il remplissait les devoirs difficiles et pénibles de ses fonctions, il voulait, pour ainsi dire, en racheter la rigueur par la bienfaisance. Les pauvres de Paris recevaient de lui des soulagements multipliés sans connaître la main qui les leur prodiguait. Pendant le rude hiver de 1829, 25,000 francs furent par lui détachés de son traitement au profit de l'indigence; pourtant il avait neuf enfants, et il était sans fortune.

Tous ces soins ne le distrayaient pas de l'attention qu'il devait aux événements politiques. Les dangers s'accroissaient tous les jours, et il les jugeait mieux que personne. Lorsqu'il s'entretenait avec ses amis, il leur montrait, avec les expressions les plus vives, et l'immense puissance des ennemis de la monarchie et ses faibles moyens de défense. Toutefois, il était loin de se décourager, et il était fier d'avoir sacrifié son inamovibilité au bien public et au chef de l'Etat. Il eut volontiers immolé sa vie à ce sentiment, et, comme il l'eût fait tout naturellement et avec simplicité, il le disait de même. Cependant les grands événements approchaient.

Il put les pressentir grâce à quelques paroles entendues dans le ministère des affaires étrangères et dans les salons diplomatiques. Le 23 juillet, ses pressentiments se précisent. Inquiet, il se rend chez le Ministre de l'Intérieur. M. de Peyronnet, qui ne peut trahir le secret du projet déjà arrêté, le rassure et lui montre les lettres de convocation adressées aux députés. Mangin le conjura de ne pas dissoudre la Chambre avant qu'elle ne fut formée. « Soyez tranquille, lui dit M. de Peyronnet, nous n'avons pas l'intention de sortir de la légalité. » Le dimanche, 25, Mangin va à Saint-Cloud pour se présenter à l'audience publique du roi. Le président du Conseil lui demande dans quelle situation sont les esprits à Paris. « Paris est calme, » répond le préfet de police. Le soir, le ministre lui apprit l'existence des ordonnances.

Mangin aperçut tous les dangers de l'Etat, et se plaignit de ne pas avoir été prévenu. « Vous aviez répondu de la tranquillité de Paris, lui dit le ministre. — Oui, répondit le préfet, pour les temps ordinaires, mais pas pour les coups d'Etat. »

Le lendemain, 26, il lut les ordonnances au *Moniteur* ; on ne les lui communiqua pas autrement.

On sait le reste. Le 27, ses pouvoirs étaient passés à l'autorité militaire. Le mercredi, la Préfecture était attaquée. Madame Mangin, qui venait d'accoucher de son dixième enfant, fuyait en hâte. Mangin lui-même s'échappe et part pour la Belgique. De Bruxelles, il se rendit à Luxembourg. Dans cette dernière ville, un fonctionnaire prussien lui dit : « Si vous faisiez connaître l'état actuel de la ville de Metz, vous vous attireriez la bienveillance du gouvernement prussien. » La réponse de Mangin fut vive et prompte ; elle surprit cet étranger de la part d'un homme qui se trouvait dans une si cruelle position, mais elle lui assura son estime. Bientôt il se retire en Suisse et va habiter Berne d'abord, puis Soleure, avec sa famille.

Les coups de la fortune venant frapper une âme déja troublée par l'injustice des partis, y avaient fait pénétrer un sentiment de la Providence en quelque sorte plus réel et plus pratique. L'infortune ne l'aigrit pas, elle l'adoucit, le tempéra, elle ouvrit son âme à des idées et à des sentiments que le malheur des temps avait tenus éloignés de sa pensée et de son cœur: à cet homme déchu, méconnu, exilé, la religion tendit les bras. Il s'y jeta. Hélas! les consolations qu'elle lui prodiguait déjà pouvaient presque s'appeler, tant la mort mettait de hâte, les consolations suprêmes.

En 1834, il revit la France et reprit parmi nous son titre d'avocat. Il exerça peu de temps, mais avec cette noble indépendance, ce généreux désintéressement qui conviennent à un personnage consulaire. Dans ses premières visites aux magistrats, il leur dit: « en plaidant une cause, je n'oublierai pas que j'ai été magistrat: dans l'exposé des faits, dans l'application des lois, je procéderai comme si je faisais un rapport. » Ceux qui l'ont entendu savent qu'il a tenu sa promesse. Ce n'était plus seulement, comme jadis, l'avocat puissant et habile, c'était le magistrat dont la parole digne, grave, solennelle, commandait à tous le respect ; il semblait qu'il parlât encore du haut de ces siéges élevés où sa voix avait fait si souvent entendre le langage de la vérité luttant contre l'erreur et l'injustice. Il ne consentait à se charger d'une cause qu'à la condition d'être le premier juge de ses clients, et sa présence à la barre était pour eux le gage certain d'un succès: pendant les six mois qu'il passa au milieu de nous, il plaida vingt-neuf causes et les gagna toutes. Malgré ces derniers triomphes, une idée triste semblait peser sur lui. C'était comme le pressentiment de sa fin prochaine. Dans un voyage qu'il fit à Paris à l'occasion d'une importante affaire au Conseil d'Etat, la maladie

le saisit : au bout de deux jours, il était mort[1]. Il était
loin de sa famille, mais ses amis étaient près de lui.
Huit de ses anciens collègues à la Cour de cassation
accompagnèrent son convoi.

Et maintenant, Messieurs, lorsque je considère
cette vie si courte mais si bien remplie, cet amour du
travail qui a partout signalé Mangin, cette modestie et
cette rigueur pour lui-même ; lorsque, d'autre part, je
vois sa veuve et ses enfants honorés de ce témoignage
public par lequel la France entière a voulu rendre
hommage à son désintéressement et à son intégrité, il
me semble que nous avons plus d'un enseignement à
retirer de cette noble vie. J'ai essayé d'en rappeler
quelques-uns au passage ; pour nous, jeunes avocats,
nous ne saurions puiser trop à fond dans ce trésor de
richesses.

Il est mort, mais ce qui lui survit conservera sa mémoire. Il faudra que l'on se souvienne que ce procureur général, dont la sévérité fut si célèbre, ne
parlait que d'après des convictions profondes. Il faudra
que l'on se souvienne que cet homme politique a tout
sacrifié à la seule cause qu'il ait jamais servie, et qu'il
n'a pas voulu se relever de la chute de ses rois. Il
faudra que l'on se souvienne que ce magistrat, qui avait
soulevé tant de haines, n'en avait gardé pour personne, et qu'il n'a jamais, dans ses ouvrages ou dans
ses paroles, laissé percer d'animosités secrètes ou de

[1] 3 février 1835.

rancunes d'homme déchu. Plein d'amour pour son père, de dévouement pour ses frères, de zèle pour sa ville natale, jusques dans le temps où les intérêts généraux de la patrie le préoccupaient le plus, il n'a jamais failli aux devoirs domestiques. Lors même qu'il était à Poitiers, si loin de Metz, si absorbé qu'il fût par sa charge de procureur général, que les événements politiques lui avaient rendue plus lourde qu'à tout autre, il trouvait le temps de venir embrasser son père et de se consoler dans les affections de famille, des rigueurs que lui imposaient ses fonctions.

Tel fut Mangin, Messieurs, ou plutôt tel il m'est apparu. Je n'ai pas voulu descendre à l'exposé régulier et méthodique de sa vie ; d'autres sauront le faire ou l'ont déjà fait. Pour nous, habitants de Metz, qui avons assisté à ses débuts et applaudi à ses premiers et éclatants succès, pour nous qui l'avons vu s'armer courageusement contre l'étranger et veiller sur ce que j'appellerai la virginité de notre citadelle, pour nous enfin qui, quelque part que la fortune l'ait porté, avons suivi ses pas avec orgueil, est-il besoin, je vous le demande, de retracer dans tous ses détails une carrière que dès le jeune âge on pourrait nous apprendre à imiter ? L'aviez-vous oublié, Messieurs, cet homme austère, désintéressé, loyal, et fallait-il qu'un événement, cruel et déplorable, vint frapper encore la famille de Mangin pour nous rendre la mémoire vénérée de son chef ?

Il y a un mois à peine, nous conduisions au champ

du repos la digne épouse de Mangin! Pauvre, il l'avait unie à sa fortune, pauvre il l'a laissée. Mais cette âme était trop haute pour ne pas se sentir au-dessus des revers et des disgrâces ; son dévouement à son mari était trop grand pour qu'elle ne plaçât pas en lui toutes ses consolations et toutes ses joies. Hélas! depuis vingt-six ans, il n'y avait plus pour elle que des souvenirs. Nous l'avons vue, Messieurs, nous rappeler par la dignité de sa vie celle de l'homme qu'elle et nous avions perdu! Heureuse encore jusques dans son veuvage, elle a pu vivre assez pour voir renaître dans ses fils le courage dévoué, dans ses filles l'abnégation de leur père; elle a vu les œuvres de son mari publiées avec orgueil par les soins de pieux et illustres amis; elle a vu les esprits les plus hostiles apaiser leurs ressentiments et revenir à la justice. Les rivalités mêmes de la ville natale se sont calmées devant la tombe.

Le temps a marché, apaisant les passions et dissipant les orages. L'histoire, l'impartiale histoire a rétabli les faits et les intentions dans leur vérité tout entière. De cette épreuve solennelle, Mangin est sorti victorieux. Et voyez comme, jusques dans notre sein, les appréciations ont changé! C'est vous-mêmes aujourd'hui, Messieurs, qui l'avez jugé digne d'un éloge public: vous avez du même coup affranchi sa mémoire des injustices du passé; vous avez voulu que sa vie, dans ses principaux traits, fut placée en plein jour, parce que, à vos yeux, elle n'avait rien à craindre de la lumière, tandis que nous avions tous à y gagner. Sur le socle

de ce buste, élevé par de trop faibles mains, vous pour-
rez lire inscrits: Loyauté, dévouement, justice; et si
cet éloge que j'ai prononcé devant vous, ne peut, dans
ma bouche, être considéré que comme un hommage,
il suffira de votre part, Messieurs, que vous en ayez
choisi le héros, pour qu'on y voie une réparation à sa
mémoire.

Metz, Typogr. et Lithog. NOUVIAN, au bas de la rue Tête-d'Or.

www.ingramcontent.com/pod-product-compliance
Lightning Source LLC
Chambersburg PA
CBHW061647050726
47598CB00004B/1492